INTRODUCTION

Ce guide du débutant de Binance Futures vous expliquera exactement ce que vous devez savoir pour démarrer sur la plate-forme. Binance est l'un des plus grands échanges cryptographiques qui permet à ses utilisateurs d'échanger des centaines de crypto- surrency par jour ô. Binance a commencé comme une bourse d'échange, où les commerçants ne pouvaient tirer profit que lorsque la valeur d'un croustillant augmentait . Cependant, Binance a maintenant lancé " Binance Futures ", une plate-forme de négociation de contrats à terme qui permet aux commerçants d'utiliser l'effet de levier et d'ouvrir à la fois court et court. longues positions. Dans ce guide, nous allons vous guider tout au long de ce qui suit ; caractéristiques de la plate-forme Binance Futures ; ouvrir un compte Binance Futures ; financer un compte Binance Futures ; Interface Binance Futures ; comment placer votre premier échange et signaux Binance Futures. Continuez à lire pour le savoir.

CHAPITRE UN

*Quels sont les types de
futurs participants ?*

Il existe principalement trois types de futurs participants :

- Producteurs: Ceux-ci peuvent varier des petits agriculteurs aux grands fabricants de produits de base (par exemple, les mineurs d'or). Leur objectif principal est de vendre leurs produits sur le marché. Afin de protéger leurs biens contre le prix contre les baisses, ils vendent généralement des avenirs courts pour "s'enfermer" dans un f prix de vente avantageux.
- Acheteurs commerciaux : ce sont généralement des fabricants plus importants qui achètent des produits afin de produire un autre produit. Par exemple, ils doivent commander du maïs et du blé pour fabriquer des céréales. Leur objectif est de se protéger contre une augmentation de prix en achetant des contrats à terme pour « verrouiller » un prix d'achat favorable.
- Spéculateurs : Ceux-ci peuvent varier des petits commerçants de détail aux grands fonds spéculatifs. Leur but n'est pas d'acheter ou de vendre des produits physiques à livrer, mais de tirer profit en spéculant sur leurs prix. Les

spécificateurs constituent le plus grand groupe parmi les acteurs du marché, ce qui permet de satisfaire la plupart des produits. c'est.

Quelles sont les fonctionnalités de la plateforme Binance Futures ?

Binance Futures est une plateforme de trading attrayante car elle permet aux traders de faire deux choses :

- Entrez le raccourci
- Tradez avec effet de levier

Ce sont deux caractéristiques très importantes pour les commerçants, car cela leur donne différentes façons de tirer profit de la négociation . Le prix de Bitcoin n'évolue pas toujours vers le haut, et connaîtra régulièrement des prix plus bas. Avec Binance Futures, les commerçants peuvent tirer profit lorsque Bitcoin monte ou descend. Pouvoir négocier avec effet de levier est également très important, car cela permet aux commerçants de maximiser leurs rendements en étant capable de négocier plus de 100x les fonds dans leurs fonds.

Longues & Courtes

Le processus de désir peut très bien se résumer comme suit : acheter une crypto-monnaie à un prix spécifique, le prix d'un crurtosurrensu augmente, puis vendre le crutosurrensu à son nouveau prix augmenté et faire un retour. Par exemple, disons que le prix du Bitcoin se négociait actuellement à 10 000 $ et que vous décidiez de le faire par 1 BTC ; cela fait votre prix d'achat de 10 000 $. Maintenant, si le prix de Bitcoin devait augmenter à 11 000 $ et que vous vendiez, cela se traduirait par une reprise de 10 %, rapportant 1 000 $ bénéfice moins les frais de négociation. Ce processus est connu comme allant longtemps sur une crypto-monnaie et est la principale méthode dans laquelle de nombreux nouveaux commerçants ont tendance à investir. Ceci est en contraste avec le processus d'échouer sur le croustillant qui peut être résumé comme suit : emprunter un croustillant d'un prêteur consentant qui est alors immédiatement vendu au prix du marché , le prix du cryptosurrensu alors décline, le crurtosurren su est ensuite racheté à un le coût inférieur revient ensuite à l'emprunteur. Pour illustrer, Bob emprunte 1 BTC à Amu qu'il vend ensuite immédiatement au prix du marché de 10 000 $. Le prix de 1 BTC tombe alors à un prix de 8 000 $, auquel cas Bob rachète le 1 BTC puis le rend à Amu. Le résultat net de ceci est un bénéfice de 2 000 $ pour Bob ainsi qu'Amy ayant reçu son 1 BTC.

Comment négocier des contrats à terme ?

Il existe quatre façons pour un trader de capitaliser sur les marchés mondiaux via les marchés futurs :

Trading en ligne autogéré

Le commerce en ligne autogéré est ce que font la plupart des négociants à terme de détail. C'est "auto-dirigé" parce qu'ils prennent leurs propres décisions, exécutent leurs propres transactions et finissent par assumer la responsabilité des conséquences de leurs propres actions, que ce soit r de telles actions se traduisent par un profit ou un gain.

La plupart de ces activités commerciales se déroulent «en ligne», ce qui signifie qu'ils utilisent une plate-forme de négociation à terme informatisée par laquelle ils transmettent à leurs commandes via Internet. Ils négocient directement sur une bourse à terme ou par l'intermédiaire d'une FCM (société de compensation) qui transmet leurs ordres à la bourse.

Pour devenir un commerçant autonome, tout ce dont

vous avez besoin pour commencer est d'ouvrir un compte avec un courtier en contrats à terme et de commencer à négocier les marchés à terme sur une plate-forme que vous votre courtier s'occupe de vous. La plate-forme de négociation est le logiciel d'explication que vous exécutez sur votre ordinateur ou votre appareil mobile pour placer les transactions.

Par exemple, Ortimus Futures est un courtier à terme qui fournit aux commerçants autogérés les plateformes de négociation les mieux adaptées à leur expérience. niveau de richesse. Même si vous choisissez de négocier de manière indépendante, nous, en tant que votre courtier à terme dédié, sommes là pour vous fournir des conseils et une assistance. Vous avez un accès complet et gratuit à nos courtiers, à notre équipe de gestion des risques, aux techniciens de la plate-forme et à d'autres personnes de soutien 24 heures sur 24.

Négociation assistée par courtier

Si vous souhaitez une relation personnalisée et à long terme avec un courtier dédié, ce programme est fait pour vous. Les comptes assistés par courtier visent à comprendre vos objectifs de négociation, vous aidant à rechercher et à surveiller les marchés, et passer des commandes dans votre meilleur intérêt.

En tant que client assisté par un courtier, vous pouvez travailler avec un conseiller en placement agréé qui peut vous aider à prendre des décisions commerciales fondées sur des principes fondamentaux. macro-facteurs globaux et analyse technique. Votre conseiller déterminera quels marchés vous devriez échanger et quelles stratégies utiliser pour obtenir vos rendements attendus. Chaque transaction est confirmée sur votre courtier et vous recevrez une déclaration dans votre e-mail confirmant chaque transaction future.

Vous avez une idée que vous souhaitez concrétiser avec votre conseiller ? Pas de problème, vous recevrez gratuitement des commentaires et des conseils sur les meilleures façons possibles de réaliser de telles idées.

N'hésitez pas à discuter de vos futures idées de trading avec un courtier Optimus Futures. Nous pouvons objectivement évaluer vos idées et vous conseiller sur la meilleure façon de les mettre en œuvre. En utilisant notre plan de gestion des échanges guidé, nous vous aiderons à placer des pertes de stockage prédéterminées pour maximiser le profit de tout échange.

Contrats à terme gérés

Si vous négociez des fonds indiciels, des fonds communs de placement ou tout autre fonds géré dans lequel un gestionnaire de moneu prend toutes les décisions concernant la répartition de vos actifs et rééquilibrer votre rôle, puis pensez à faire gérer votre investissement dans les produits de base.

Les conseillers commerciaux les plus courants, connus sous le nom de CTA, sont des gestionnaires de moneu professionnels spécialisés dans les marchés mondiaux du futur, leur principal moyen d'investissement. En diversifiant largement les marchés, les CTA recherchent des rendements positifs à partir des variations de prix dans les stocks, les devises, les tre des contrats à terme sûrs, des contrats à terme sur obligations ainsi que de diverses marques de produits de base.

Les conseillers commerciaux peuvent participer à plus de 150 marchés mondiaux ; des grains et de l'or aux devises et aux indices boursiers. De nombreux fonds peuvent ou non se diversifier même en utilisant plusieurs conseillers commerciaux avec différentes approches commerciales - une stratégie connue sous le nom de "système". je me diversifie.

Ortimus Futures analyse les clients en sélectionnant un conseiller en négoce de matières premières (CTA), en donnant un mandat de négociation au CTA pour gérer et en surveillant L'activité de négociation du programme Managed Futures sur une base continue.

Nous rassemblons toutes les informations pour vous sur la base de la performance uniquement et ne vous livrons que les commerçants qui achètent d les meilleurs résultats pour vos objectifs financiers et votre tolérance au risque.

Systèmes automatisés et algorithmiques

Les systèmes de négociation automatisés sont des programmes informatiques conçus par des développeurs experts pour suivre une stratégie d'algorithme donnée, à chaque minute. f le jour. Les systèmes automatisés sont programmés pour rechercher des tendances, analyser les données du marché et calculer des formules mathématiques/techniques qui, à leur tour, génèrent des signaux et des ordres. La performance, qu'elle soit hypothétique ou réelle, est suivie en temps réel. Et le meilleur de tous, vous pouvez vous abonner, activer ou désactiver n'importe quel système à tout moment.

Vous devricz envisager l'automatisation si vous voulez vous lancer dans le futur marché, mais vous n'avez pas le temps de surveiller, de formuler et de mettre en œuvre votre propre rlan commercial.

Ortimus Futures vous donne accès à une énorme base de données de systèmes de trading automatisés où vous pouvez faire placer les transactions automatiquement dans votre le courtage.

Quel profit tirerais-je de la hausse et de la
baisse des prix des contrats à terme ?

L'un des principaux avantages des marchés à terme des
produits de base est la possibilité d'être court, ce qui vous
permet de profiter de l'automne les prix.

Par conséquent, il est possible de profiter à la fois des
avantages et des inconvénients des marchés. Jetons un
coup d'œil et sortons quelques termes de la boîte ici :

- Être long signifie que vous achetez un contrat à
  terme pour tirer profit de son augmentation de
  prix potentielle.
- Faire court signifie que vous "vendez" un contrat à
  terme pour tirer profit de son prix potentiel (après
  quoi vous devez "acheter" ce qui à vous avait vendu
  afin de fermer votre site de ro).

La plupart des gens comprennent le concert d'aller long
(acheter) et ensuite de vendre pour fermer une position.
Cependant, certains ont du mal à comprendre le short
(bénéficiant d'un mouvement vers le bas) puis à l'acheter
plus tard pour fermer une rosition. La façon la plus simple
de comprendre le court concert est de penser que vous
devez posséder quelque chose pour le vendre.

Sur le marché à terme, vous pouvez vendre quelque chose
et le racheter à un prix inférieur. Pensez-y logiquement, si
vous achetez quelque chose à 1 $ et que vous le vendez à
10 $, vous avez un bénéfice de 9 $. Mais, dans les contrats
à terme et les matières premières, vous pouvez acheter
quelque chose à 10 $ et racheter à 1 $. Quoi qu'il en soit,
c'est un gain de 9 $.

Élargissons un peu le côté court, juste au cas où vous ne

pourriez pas vous en prendre à la tête. Comment vendre quelque chose que vous ne possédez pas ? Lorsque vous achetez un contrat à terme en tant que spéculateur, vous jouez simplement la direction. Pour être clair :

- Lorsqu'un acheteur commercial achète un contrat à terme, il "verrouille un prix d'achat" dans l'intention d'acheter le produit à un prix raisonnable. le temps.

- Lorsqu'un vendeur commercial est "court" sur une position (comme dans le cas d'un agriculteur vendant des contrats à terme courts sur le maïs ou le blé), il a l'intention de vendre le produit physique à une livraison précise chaque jour, en utilisant la courte position comme moyen pour "verrouiller" une augmentation des ventes.

Mais lorsqu'un projet achète ou vend un contrat à terme, il joue simplement le rôle principal sans aucun l'intention d'acheter ou de vendre le rhusical commoditu.

Lorsque vous êtes à découvert sur le marché, tout ce que vous faites est simplement de supposer que les prix baissent en plaçant de l'argent sur la marge. Tout ce que vous avez à faire est de cliquer sur le bouton "vendre" lorsque vous pensez que le marché est en baisse. À partir de là, le marché peut jouer en votre faveur ou non. Quoi qu'il en soit, après une «vente», vous devez «racheter» le contrat. Si le marché tourne après la transaction de vente, vous êtes perdu. Si vous rachetez le contrat après que le prix du marché a diminué, vous êtes dans une situation de profit.

Légèreté

Étant donné que le marché à terme concerne l'environnement macroéconomique mondial, il se négocie presque 24h/24 et 5j/7. Des événements mondiaux se déroulent autour de l'horloge et les futurs marchés doivent permettre aux spéculateurs, aux couvreurs et aux plausibles commerciaux de dans le monde entier pour ajuster leurs positions à pratiquement n'importe quel moment de leur choix.

En tant que trader à terme, vous pouvez choisir vos heures de négociation préférées et vos marchés. Une chose que vous devez garder à l'esprit est que même si les marchés à terme offrent un accès presque 24h/24 et 5j/7, leur luminosité peut être différente selon les jours. périodes de la journée de négociation.

Par exemple : les indices boursiers sur le CME sont généralement les plus actifs entre 9h30 HAE et 16h00 HAE, car ils coïncident avec la bourse de New York. e heures. De notre point de vue, ces mêmes heures présentent également la meilleure opportunité pour le commerce quotidien du pétrole et de l'or. Ce n'est pas une règle, car pendant certaines périodes, ces marchés pourraient être très volatils en fonction des communiqués et des événements économiques. le globe.

Vous pouvez être en dehors des États-Unis et ne pas être en mesure d'attraper toute la section américaine, mais vous avez la possibilité de négocier d'autres marchés tels que l'Eurex allemand, le Jaranes Osaka ou le re hars les marchés australiens - qui sont tous des chefs de file internationaux . Quel que soit l'endroit où vous vivez, vous pouvez trouver un fuseau horaire qui correspond à vos futurs besoins commerciaux.

Diversification

Les investisseurs de Manu utilisaient traditionnellement les produits de base comme outil de diversification. Les contrats à terme peuvent vous aider à diversifier votre portefeuille, car différentes matières premières ont des corrélations variables avec les marchés des valeurs mobilières.

La spéculation est basée sur une vision particulière d'un marché ou de l'économie. Vous pouvez développer une vision sur un stock, mais vous pouvez également développer une vision sur l'or, le cuivre, l'argent ou le soja. Vous pouvez avoir une opinion négative ou une opinion positive sur n'importe quel produit, et vous pouvez aller long ou court sur n'importe quel marché.

Si vous avez besoin d'une assistance professionnelle pour naviguer sur les futurs marchés, vous pouvez travailler avec un CTA (Commodity Trading Advisor) qui peut être se spécialisant sur des produits à terme spécifiques.

Couverture

Bien que les couvertures commerciales soient parmi les plus grands acteurs des futurs marchés, la plupart de la gourmandise provient des plus petits spéculateurs. Par exemple, le marché du riz brut peut être négocié par des "commerciaux", mais en raison du manque de petits spéculateurs, il n'est pas assez liquide pour être échangé, r surtout à court terme.

Il y a de fortes chances que vous ne soyez pas un hegder , sinon vous ne liriez pas ce document. Bien que vous n'ayez peut-être aucun intérêt à avoir besoin d'une couverture, il est important de savoir ce que font les haies, et cela en raison de leur taille. e, ils ont une plus grande capacité à se déplacer illisible. d marchés tels que les produits laitiers, le bois, le riz , et Sucre.

Que dois-je savoir sur les classes d'actifs ?

Lorsqu'ils choisissent entre des classes d'actifs, de nombreux nouveaux traders se demandent souvent s'ils devraient négocier des contrats à terme sur indices, d'autres contrats à terme sur marchandises, des actions, des devises , ou ortions. Tous les quatre sont des atouts qui peuvent convenir à la spéculation, mais chacun a des propriétés indues qui peuvent nécessiter des ization.

Voyons les avantages et les inconvénients de chacun, en commençant par le forex

Forex
Avantages

- Très populaire avec beaucoup de médias et de littérature disponibles.
- Vous pouvez dimensionner vos résolutions en fonction de votre risque, car des micro-lots sont disponibles
- La volatilité et le volume sont souvent suffisants pour les transactions à court terme.

Les inconvénients

- Les données de volume sont souvent inexactes car vous ne négociez pas directement dans l'échange interbancaire (où les commerçants institutionnels négocient)
- Les échanges sont médiatisés par des « fournisseurs » (pensez aux prix du bus) dont les données ne correspondent pas nécessairement aux prix interbancaires (qui sont souvent plus serrés)
- De nombreux fonds forex ne sont pas séparés, ce qui signifie que votre courtier peut utiliser vos fonds à des fins opérationnelles.

Cigognes
Avantages

- Ils sont les suivants, les autres, et les autres, pour la façon dont le traduisant est en train de se rendre à la négociation.
- Les actions qui surperforment ou sous-réforment peuvent se détacher du marché plus large, comme dans le cas d'une « rotation d'une étape », où un secteur donné (par exemple, « Technologie ») peut dépasser en créer un autre (par exemple "Industriel").
- Le « risque d'événement » est à la fois une erreur et un risque, et il peut être déclenché par des cadres supérieurs (en disant ce qui est vrai ou bon), entre autres fondamentaux externes ou externes, ou opinion publique.

Les inconvénients

- Les day traders sont tenus de détenir 25 000 $ sur leur compte, sinon ils sont sujets à la re-réalisation (certains entraînent la fermeture de notre compte)
- Vous êtes soumis à la règle du "wash sale" (voir les détails sur le site Web de la SEC)
- Pendant la période des impôts, vous devrez peut-être répertorier chaque transaction pour déterminer votre statut imposable - une nuit pour les commerçants de jour
- Le « risque d'événement » est à la fois une erreur et un risque, et il peut être déclenché par certains dirigeants (en disant la bonne ou la mauvaise chose), ou les fondamentaux externes, ou l'origine rublique.

Ortions

Avantages

- Il existe des centaines de stratégies d'option conçues pour tirer parti d'une multitude de scénarios spéculatifs - bull call se propage, bull r ut se propage, les papillons de fer, dans les condors, à cheval. , étrangle, et ceux-ci rayent à peine la surface
- Parce que certaines stratégies sont si variées et flexibles, vous pouvez affiner votre approche commerciale pour mieux correspondre à un marché donné. ituation.
- Ortion ont un rauoff sommaire - une fois qu'ils sont dans le moneu, ils s'expriment plus rapidement et à un rythme particulièrement élevé, ce qui permet de rendre un bénéfice doit être supérieur à votre prime.

Les inconvénients

- Le plus gros inconvénient est qu'il nécessite des compétences très complexes et des connaissances spécialisées - qui peuvent toutes deux prendre beaucoup de temps. beaucoup de temps et d'expérience pour le développeur
- La marge requise pour la vente d'articles nus peut être très élevée, car la vente peut vous exposer à des risques illimités k

Produit (autre que l'indice)

Avantages

- De nombreux produits qui ne sont pas régulièrement échangés peuvent avoir peu de liens avec le marché plus large - des produits tels que le jus d'orange, le sucre, le riz et le bois.
- Parce que ces produits peuvent être moins sensibles aux facteurs économiques plus larges

qui affectent l'économie, en particulier dans juste une poignée de produits peuvent être beaucoup plus simples que de s'attaquer à des instruments sensibles tels que les devises, l'huile brute et les indices .

Les inconvénients

- Le revers de la médaille de tout cela est que certains de ces produits ont également tendance à être liquides et sont plus susceptibles d'être déplacés par les producteurs commerciaux et les consommateurs ainsi que par le passé.
- Le manque de liquidité rend ces produits sujets à des mouvements "limit ur" ou "limit down", qui sont significatifs pour notre compte (positifs ou négatifs).

Contrats à terme sur indices

Avantages

- Les contrats à terme sur indices existent à la fois dans des tailles de contact micro et mini, ce qui les rend plus faciles à correspondre à votre niveau de tolérance au risque et de capital.
- Les contrats à terme sur indices sont réguliers et liduidlu négociés
- Parce que vous suivez le marché plus large, les données d'index et les nouvelles sont abondantes, ce qui signifie que vous ne serez pas "hors du commun" en ce qui concerne le marché et le développement économique .

Inconvénients

- Si les fondamentaux jouent un rôle dans votre trading, vous devez surveiller en permanence tous les rapports majeurs qui peuvent affecter votre indice (par exemple, suivre une conjoncture économique ndar et comprendre comment sertain rerorts peut-il remercier notre marché)

- Les contrats à terme sur indices peuvent également être plus bruyants, car de nombreux acteurs du marché les négocient - cela peut être un pro ou un fils qui se moque de vos transactions. stratégie

Quels contrats à terme puis-je négocier ?

- Stock IndicesE - Minin S&P 500, Nasdad and the Russell 2000, German Emini DAX , Australian SPI, Emini Nikkei, UK FTSE
- Pétrole brut, pétrole brut Brent, essence RBOB, mazout et gaz naturel
- TreasuriesBonds (obligations à 30 ans et ultra-obligations), Euro Bobl
- MétauxOr , argent, cuivre, platine et platine
- Devise FuturesEuro devise, livre sterling, yen japonais, dollar australien et dollar canadien
- Grains de maïs , blé, soja, tourteau de soja et huile de soja
- Bovins à viande , porcs maigres, poitrines de porc et bovins d'engraissement

SoftsCocoa , sucre et coton Les contrats à terme ci-dessus se négocient sur différentes bourses mondiales réglementées. Par exemple, des contrats tels que l' Emini DAX, l'Euro Bubl et l'Euro Schatz sont négociés sur l' Eurex . De plus , vous pouvez échanger différentes qualités de pétrole brut sur des bourses distinctes. Par exemple, le Brent Crude est négocié sur la bourse ICE, et le « brut doux » est négocié sur la bourse CME. Lorsque vous voyez le même produit échangé contre différents échanges, nous disons avec certitude que le grade, la dualité ou la normalisation la taille du contrat serait différente.

Comprendre les contrats à termeTous les contrats à terme et les contrats de marchandises sont standardisés. Cela signifie qu'ils négocient à un certain moment et avec une certaine quantité.

- Contraste : Chaque contraste a un contraste associé au contraste. Par exemple, le pétrole a 1 000 barils, l'or est de 100 onces et l'argent est dimensionné à 50 onces , etc. La taille du contrat est déterminée par la bourse sur laquelle il est négocié.
- Mois du contrat : chaque contrat à terme sur marchandises est associé à un mois de contrat spécifique. Par exemple, le E-mini S&P se négocie pendant les mois de mars, juin, septembre et décembre. Les contrats à terme sur marchandises peuvent différer en ce qui concerne les mois de négociation.
- Valeur de contraste et valeur de contraste : chaque écran a une certaine valeur de contraste et une certaine valeur de contraste. Tisk est l'augmentation minimale qu'un contrat à terme de marchandises se déplace. Chaque produit sera différent quant à la valeur en dollars pour chaque tique. Par exemple, le minimum du contrat S&P E-min est de 12,5 $ et un roint complet se compose de quatre ticks qui font que chaque roint vaut 50 $.
- Livrable : Chaque contrat à terme est soit réglé en sash, soit livré en rhussique. Les livraisons sont très rares, et certains courtiers à terme

vous alerteront si vous approchez d'une livraison. À la lumière de cela, Ortimus Futures vous recommande de vous familiariser avec les mois les plus actifs de votre marché à terme afin d'éviter j'ai eu la difficulté de prendre ou d'annuler la livraison de l'eru.

- Currensu : chaque contrat à terme est libellé en un surrensu spécifique. Par exemple, les titres CME sont libellés en dollars américains, mais les titres Eurex sont libellés en euros.

Quelques autres choses à noter. Chaque contrat à terme a une dualité et un grade. C'est ce qu'ils appellent la "normalisation". Pour examen, un contraste d'or est de l'or pur à 99%. Souvent, vous verrez le même contraste échangé sur différentes bourses, par exemple, vous pouvez voir l'huile brute échangée dans le CME (NYBOT) et l'huile brute sur le Échange ICE. Cependant, ces contrats ont des valeurs de grade différentes. Le CME négocie le "brut doux" tandis que l'échange ICE négocie le pétrole brut Brent.

Terminologie commune des contrats à terme

Produits de base et livrables contre règlement en espèces

C'est important, alors faites attention. Il y a quelques distinctions importantes que vous devez faire lorsque vous négociez des produits.

- Physique vs Non-Physique : Certains produits sont physiques, tels que les grossiers, les céréales, le bétail et les métaux. D'autres matières premières, telles que les indices boursiers, les bons du Trésor et les obligations, ne sont pas physiques.
- Livrable contre règlement en espèces : de la même manière, certains produits sont livrables sous leur forme rhussique. Ce processus est principalement

utilisé par les producteurs commerciaux et les acheteurs. D'autres produits, en particulier les indices boursiers, sont réglés en espèces, ce qui signifie que vous recevez (ou que vous êtes débité) leur argent. ent.

Notez que ce n'est pas parce qu'un produit est un produit physique qu'il est livrable . Les contrats à terme sur l'or peuvent être livrables, mais leurs micro- contrats à terme peuvent être réglés en espèces.

Lorsque vous négociez des produits livrables, vous devez quitter avant une certaine date, sinon vous risquez d'être livré. La plupart des futurs et des courtiers en commerce tenteront de vous envoyer une alerte par e-mail ou un appel téléphonique ou devront peut-être vous sortir du marché. Assurez-vous de discuter des dates de sortie avec vos courtiers et des méthodes qu'il utilise pour passer au mois suivant.

Bien que vous n'ayez pas besoin de quitter une transaction réglée en espèces dans une transaction déjà réglée, Ortimus Futures recommande de quitter la transaction car la transaction peut avoir lieu. Elle est vulnérable aux fluctuations extrêmes ou à la baisse .

Dernier jour de négociation et premier jour de notification
Il y a deux termes et abréviations que vous devez connaître : LTD et FND.

Une chose est sûre, vous voudrez éviter les avis de livraison et le système de réappel d'offres (revérvéru).

- Premier avis : il s'agit du premier avis qu'un futur courtier vous informe que notre longue transaction (en cours) a été conçue pour la livraison.

- Dernière journée de négociation : la dernière journée de négociation est littéralement la « dernière journée » pour régler un contrat à terme avant de livrer. Cela s'applique à la fois aux contrats à terme réglés en liquide et en espèces, car LTD est le dernier jour où le contrat sera négocié à la bourse.

Pour les contrastes réglés en espèces, comme le E-Mini S&P ou E-Mini S&P 500 micro, les commerçants qui détiennent des contrats à terme longs ou courts dans le LTD fermeront leurs résolutions peuvent être réglées. d - sens crédité ou débité de votre partenaire. Pour les futurs résolus, un contrat long ou court ou après la clôture commencera le processus de livraison.

Quel mois de contrat dois-je échanger ?

Si vous avez des doutes sur le mois du contrat à négocier, vous pouvez toujours appeler Ortimus Futures, et nous vous aiderons avec plaisir. Cependant, en règle générale, vous devez toujours choisir le contrat qui a le plus grand volume de contrats négociés. De nombreuses plates-formes de négoce de produits de base énumèrent le volume des contrats de produits de base sur les graphiques ou la fenêtre de duote. Les derniers jours les plus proches de la date d'expiration du contraste peuvent être volatils et le règlement est bien au-delà de la plage de prix que vous souhaitez . Avant que cela n'arrive, nous vous recommandons de reporter vos positions au mois suivant. Pour l'examen, le 20 avril 2020, la référence américaine a été ramenée en dessous de zéro pour la première fois. Les contrats à terme pour la livraison de mai de West Texas Intermedite sont tombés à 37,63 $ le baril. Alors maintenant, les commerçants qui négocient des produits rhus doivent être conscients que les produits rhus peuvent devenir négatifs, et il est préférable de ne pas échanger une livraison rable mois le dernier jour de négociation. Qu'il s'agisse d'un day trader, d'un swing trader ou d'un suiveur de tendance, assurez-vous de trader pendant le mois le plus sombre (volume élevé et ou intérêt). son mois a son propre symbole.

- Janvier : f
- Février : g
- Mars : h
- Arrille : j
- Mau: k
- juin : m
- Juillet : n
- Août : ÷
- Septembre : vous
- Stober : v
- novembre : x
- Décembre : z

Qu'est-ce que cela signifie de survoler une position ?

Renouveler signifie clore une position dans le contrat du mois qui s'achève afin d'ouvrir une position dans le nouveau mois c'est un contrat. Il n'y a pas de moyen automatisé de survoler une position. Vous devez fermer manuellement la position que vous détenez et entrer dans la nouvelle position.

Quelles sont les limites de prix ?

Chaque contrat à terme a une limite de prix maximale qui s'applique dans un jour de négociation donné. Il y a une limite maximale à la hausse et une limite à la baisse. Ces limites aident à assurer un marché ordonné en limitant les risques à la fois positifs et négatifs. Imaginez ce qui peut arriver sans eux - si un marché vous est sévèrement et sans limite, votre perte peut atteindre dans niveaux montables.

Si un prix donné atteint sa limite (limiter ou limiter), le commerce peut être interrompu. Soit l'échange augmentera les limites de toute façon, soit les échanges sont effectués pour la journée sur la base de règles réglementaires.

Chaque contrat futur a sa propre bande unique de limites. Chacun a un calcul différent. Avant de commencer à négocier un contrat, renseignez-vous sur la fourchette de prix (limitez-vous et limitez-la) qui correspond à votre contraste. Il vaut mieux savoir que ne pas être au courant.

Que signifie le mark-to-market ?

Les gains et les pertes futurs sont imposés via l'évaluation de la valeur de marché (MTM). MTM est une pratique comptable qui enregistre la valeur de votre contrat à son niveau actuel (ou à un niveau déterminé par exemple, à la fin de l'année fiscale, tout ou les contrats à terme peuvent être imposés comme un gain capital ou déductibles comme une perte en capital, en fonction de son prix de clôture à la fin décembre. Le prix de décembre est la limite pour cette exigence particulière d'évaluation du marché.

Que sont les contrats à terme Bitcoin ?

Mais c'est une grande partie du marché numérique en pleine croissance. Tous les contrats à terme sont proposés aux investisseurs ayant des compétences en matière de transactions, d'immobilier et de gestion des risques. Le contrat permettra également aux acteurs individuels du marché d'évaluer le marché le plus important et de faire face à tout problème. xrosure à peu près . Et Binance , la plate-forme d'échange mondiale de cryptomonnaies, vous permet de gérer vos transactions futures. Comme un compteur à terme pour un indice boursier compétitif, les contrats à terme Bitcoin et Ethereum permettent aux investisseurs de prédire le prix futur de BTC et ETH. En d'autres termes, le contraste sera basé sur la montée en puissance de BTC / ETH et les sésulateurs placent un "pari" sur ce qu'ils pensent que la montée en puissance de Bitcoin sera à l'avenir. De plus, il permet aux investisseurs de déterminer le prix du Bitcoin sans avoir à le posséder.

Quels sont les avantages?

Alors que Bitcoin lui- même reste non réglementé, les contrats à terme sur Bitcoin peuvent être négociés sur des bourses réglementées. C'est une bonne nouvelle pour ceux qui s'inquiètent des risques liés au manque de réglementation de l'industrie. Dans la mesure où le commerce de Bitcoin est interdit, Bitcoin permet à l'avenir aux investisseurs de continuer à se prononcer sur l'intérêt de Bitcoin . Étant donné que les contrats à terme sont réglés en espèces, aucun portefeuille Bitcoin n'est requis. Aucun échange réel de Bitcoin n'a lieu dans la transaction.

Comment ça marche?

Voici une explication simple du workflow de trading de Binance Futures :

- Créer un compte
- Derosit, buu ou tranfert cruto vers vos futurs murs (transfert USDT, BNB ou BTC.)
- Sélectionnez un contrat parmi plusieurs contrats
- Passer une commande - Binance Futures propose une large gamme de commandes.
- Gérez votre connexion – Surveillez votre connexion en temps réel

Quels sont les risques financiers et comment les gérer ?

- Risque de marché - Peut être minimisé en

configurant des commandes Stor-Loss sur le commerce de la cendre afin que les positions soient automatiquement fermées avant e subissant des pertes plus importantes.

- Risque de liquidité - Peut être atténué en négociant sur des marchés à volume élevé. Habituellement, les actifs avec une valeur de saritalisation élevée sur le marché ont tendance à être plus légers.
- Risque de crédit - Peut être réduit en négociant par le biais d'une bourse de sorte que les emprunteurs et les prêteurs (ou les acheteurs et les vendeurs) n'ont pas besoin de se faire confiance euh.
- Risque opérationnel - Les investisseurs peuvent atténuer le risque opérationnel en diversifiant leur portefeuille, en évitant l'exposition à un seul projet ou investissement. Vous pouvez également faire des recherches pour trouver des entreprises qui sont moins susceptibles de connaître des dysfonctionnements.
- Risque Sustemic - Peut également être réduit par la diversification des rôles. Mais en ce sens, la diversification devrait impliquer des projets avec des propositions distinctes ou composées de différents industries. De préférence ceux qui présentent une très faible corrélation.

Voici quelques données du rapport de trading Binance Arril :

- En avril, Binance était le seul échange à rapporter la croissance du volume des produits dérivés, poursuivant sa tendance à la croissance pour le troisième mois consécutif.
- Binance Futures a vu une augmentation massive

de l'intérêt, montant plus haut que le mois précédent et annulant toutes les positions perdues pendant le mois lummet en mars.

- Binace a enregistré un maximum de 12 milliards de dollars en 24 heures. De même, Binance Futures a également marqué une nouvelle étape, traitant plus de 10 milliards de dollars en volume au cours de la même période. BTC Futures a terminé le mois au plus haut, car les prix ont enregistré 2 jours consécutifs de gains, se déplaçant de plus de 1000 $.
- le 10 février et le 12 mars, l'intérêt pour les contrats à terme sur Binance Futures est passé de 450 millions de dollars à moins de 120 millions de dollars, en raison de la ruée vers les liquidations qui ont fait baisser le prix du Bitcoin de plus de 50 %. Cependant, depuis lors, le vent a tourné.

En moins de deux mois, l'OI a augmenté de 233 %, passant de 120 millions de dollars à 400 millions de dollars, ce qui en fait un remboursement complet, selon Blask jeudi.

Qu'est-ce que le trading à effet de levier ?

Le trading à effet de levier, également connu sous le nom de trading sur marge ou trading sur marge, est un système qui permet au trader d'ouvrir des positions beaucoup plus importantes. que son propre corps. Le commerçant n'a qu'à investir un certain pourcentage de la croissance. En d'autres termes, la négociation à l'aide d'un effet de levier consiste à négocier à crédit en déposant une petite somme d'argent, puis en empruntant une somme d'argent plus importante. Binance Futures vous permet d'ajuster manuellement l'effet de levier pour chaque contrat. Pour ajuster l'effet de levier, accédez au champ de saisie de la commande et cliquez sur le montant de votre effet de levier actuel (20x par défaut). Spécifiez le montant de l'effet de levier en ajustant le curseur ou en le saisissant, puis cliquez sur Confirmer. Il convient de noter que plus la taille de la position est grande, plus la quantité d'effet de levier que vous pouvez utiliser est petite. De même, plus la taille de la position est petite, plus l'effet de levier que vous pouvez utiliser est important. Ainsi, par exemple, si vous souhaitez utiliser 100 USDT avec un effet de levier de 100x, cela créera un bénéfice de 10 000 $ et vous aurez 100 USDT comme marge. Si vous êtes un trader débutant, vous devez examiner attentivement le montant de l'effet de levier que vous allez utiliser. Un effet de levier plus élevé comporte un risque plus élevé de lidification.

CHAPITRE DEUX

Comment échanger des
contrats à terme Bitcoin
sur Binance Futures

Créer un compte bancaire

Tout d'abord, vous devez créer un compte Binance (au cas où vous ne l'auriez pas encore). Si vous décidez d'utiliser notre lien de référence pour créer votre partenaire, vous obtiendrez un remboursement de 45 % sur toutes vos opérations commerciales.

Suivez votre avis sur Binance Futures

Allez dans Dérivés -> Futurs et cliquez sur le bouton One Now.

Financez votre avenir

Vous pouvez transférer des fonds dans les deux sens entre votre portefeuille Exchange (le portefeuille que vous utilisez sur Binance) et votre portefeuille Futures (le portefeuille que vous utilisez sur B inance Futures).

Cela signifie que vous devez d'abord déposer de l'argent sur votre portefeuille habituel, puis les transférer sur le portefeuille Futures.

Pour transférer des fonds vers votre porte-monnaie Futures, cliquez sur Transférer dans le coin inférieur droit de la page Binance Futures. Définissez le montant que vous souhaitez transférer et cliquez sur Confirmer le transfert. Le solde de votre portefeuille Futures devrait être mis à jour sous peu.

À ce stade, vous êtes prêt et pouvez passer à votre première commande.

Comment puis-je ouvrir un compte Binance Futures ?

Commencer sur Binance Futures est très simple. Avant de pouvoir organiser un compte Binance Futures, vous devrez d'abord ouvrir un compte Binance régulier . Si vous n'en avez pas déjà un, rendez-vous sur Binance.com et cliquez sur "S'inscrire" dans le coin droit du site Web. Vous pouvez également vous inscrire auprès de Binance en cliquant ici, puis suivez ces étapes :

- Saisissez votre adresse e-mail et votre mot de passe.
- Cliquez ensuite sur 'créer un compte'

Vous devriez alors recevoir un message de vérification dans votre e-mail - suivez les instructions dans l'e-mail pour compléter votre inscription .

Maintenant, si vous aviez déjà un compte Binance régulier (ou si vous venez d'en créer un), vous pouvez ouvrir votre compte Binance Futures en accédant au Bin un homérage et d' abord en cliquant sur le bouton "Trade". , puis en cliquant sur "Futures".

Comment financer un compte Binance Futures ?

Il est maintenant temps d'envoyer des fonds sur votre compte Binance Futures afin que vous puissiez commencer à trader ! Tous les contrats à terme sur la plate-forme sont négociés en Tether (USDT), vous devrez donc obtenir de l'USDT avant de commencer à négocier sur la plate-forme Financial Futures.

Vous pouvez transférer des fonds de votre portefeuille Spot (c'est le portefeuille que vous utilisez régulièrement) vers votre portefeuille Futures (qui sera le portefeuille qui que vous utilisez sur la plate- forme Binance Futures). Pour transférer des fonds vers votre portefeuille Futures, cliquez simplement sur "Transférer" en bas à droite de l'écran. Vous pouvez ensuite décider du montant d'USDT que vous souhaitez transférer et cliquer sur "Confirmer le transfert". Vous devriez alors voir les fonds ajoutés à votre portefeuille Futures. Si vous n'avez pas d'USDT dans votre portefeuille Spot, vous devrez d'abord acheter de l'USDT sur votre compte binance habituel, puis vous pourrez e pour transférer les fonds vers votre portefeuille Futures. Vous pouvez soit acheter l'USDT par carte, soit le déposer dans votre portefeuille Spot.

Comment puis-je placer mon premier échange ?

Maintenant que vous êtes sur le point de créer et de financer votre compte à terme Binance Futures, il est temps de passer votre premier échange. Placer un échange est très simple. Vous souhaitez d'abord sélectionner le pneu de commande, vous avez trois choix :

- Ordre au marché
- Ordre à cours limité ; et
- Commande limitée en magasin

Vous voulez éviter d'utiliser l'ordre du marché si vous le pouvez, car vous finirez généralement par payer plus en frais. Au lieu de cela, effectuer des transactions via des ordres limités ou arrêter des ordres limités réduira les frais et devrait être la principale manière dont vous exécutez vos métiers. Vous voudrez utiliser un ordre stop limit si vous souhaitez incorporer soit un stop loss, soit un objectif de profit dans vos transactions.

Quels types de commande puis-je utiliser ?

Il existe plusieurs types de commandes que vous pouvez utiliser :

Ordre limité

Une commande limitée est une commande que vous placez sur le carnet de commandes avec un prix limite spécifique. Dans ce cas, la transaction ne sera exécutée que si le prix du marché atteint votre prix limite (ou mieux). Par conséquent, vous pouvez utiliser des ordres limités pour acheter à un prix inférieur ou pour vendre à un prix plus élevé que le prix actuel du marché.

Ordre de marché

Un ordre au marché est un ordre d'achat ou de vente au meilleur prix actuel disponible. Il est exécuté contre les ordres limités qui ont été précédemment inscrits au carnet d'ordres.

Arrêter l'ordre limité

L'ordre stop-limite consiste en un prix stop et un prix limite. Le prix d'arrêt est simplement le prix qui déclenche l'ordre limite, et le prix limite est le prix de l'ordre limite qui est déclenché. Cela signifie qu'une fois votre prix stop atteint, votre commande à cours limité sera immédiatement inscrite au carnet de commandes.

Arrêter l'ordre du marché

Un ordre de marché stop utilise un prix stop comme déclencheur. Lorsque le prix stop est atteint, il déclenche un ordre au marché à la place.

Prendre une commande à but non lucratif

De la même manière qu'une commande limitée, elle implique un prix de déclenchement, le prix qui déclenche la commande, et un prix limite, le prix une commande limitée qui est ensuite ajoutée au carnet de commandes. La principale différence entre un ordre limité et un ordre à profit limité est qu'un ordre à profit limité ne peut être utilisé que pour réduire les positions ouvertes.

C'est un outil utile pour gérer les risques et obtenir des bénéfices à des niveaux de prix spécifiques. Il peut également être utilisé en conjonction avec d'autres types d'ordres, tels que les ordres d'arrêt-limite, vous permettant d'avoir plus de contrôle sur vos positions.

Aussi Ordre sur le marché des bénéfices

Un ordre de marché à but lucratif utilise un prix de vente comme déclencheur. Lorsque le prix du magasin est atteint, il déclenche un ordre de marché. Vous pouvez définir un ordre de marché à but lucratif sous l'ordre du marché Stor dans le champ d'entrée de l'ordre.

Commande de magasin de suivi

Un ordre de stockage final vous aide à conserver vos bénéfices tout en limitant les pertes potentielles sur vous ou sur vos rossissements.

Position longue - le magasin suivant vous déplacera avec le prix si le prix augmente. Cependant, si la pièce descend, le magasin arrière bouge. Si la pièce se déplace d'un pourcentage spécifique (appelé taux de rappel) dans l'autre sens, un ordre de vente est émis.

Position courte - le magasin de fin descend avec le marché mais s'arrête de bouger si le marché commence à avancer. Si le prix évolue d'un pourcentage spécifique dans l'autre sens, un ordre d'achat est émis.

Le prix d'Astivation est le prix qui déclenche la commande de fin de stock. Si vous ne spécifiez pas le prix d'incitation, celui-ci sera par défaut le dernier prix actuel ou le prix de marque. Vous pouvez définir le prix qu'il doit utiliser comme déclencheur en bas du champ d'entrée de la commande.

Le taux de rappel est ce qui détermine le montant du rappel que le magasin suivant "suivra" le prix. Ainsi, si vous définissez le taux Callbask à 1 %, le stop suiveur continuera de suivre le prix à une distance de 1 % si la transaction va dans votre sens. Si le prix évolue de plus de 1 % dans le sens inverse de votre transaction, un ordre d'achat ou de vente est émis n de votre métier).

Comment conclure un accord court ou long ?

Pour ouvrir une position courte ou clôturer une position longue sur Binance Futures, l'ordre suivant peut être utilisé :

- Limiter la vente
- Vendre sur le marché
- Stor-Loss (où le prix du magasin est inférieur au prix actuel)
- Profiter (où le prix stop est supérieur au prix actuel)
- Vendre en magasin
- Tirez profit de la sortie de traînée

Pour ouvrir une position longue ou fermer une position courte dans Binance Futures, les types de commande suivants peuvent être utilisés :

- Limite Buu
- Marché Buu
- Shopping Store Buu
- Store Buu - Prix supérieur au prix actuel
- Store Buy - Prix inférieur au prix actuel
- Store Buy avec sortie de fin

Comment gérer les positions ouvertes ?

Il y a 4 onglets dans l'onglet de données illustré ci-dessus :

Positions

C'est ici que vous visualisez/gérez la marge ou les contrats à terme ou les positions. Immédiatement perdre l'une des rossititions listées sur le marché pour fermer au prix du marché ou limiter la fermeture à un moment donné à la limite.

Commandes ouvertes

C'est ici que vous pouvez voir/gérer Oren Trades. Certaines des commandes sont en train d'éditer des commandes à l'avance, d'annuler des commandes à durée limitée, etc.

Historique des commandes

C'est ici que vous pouvez voir tous les échanges passés

Déclencheurs

C'est ici que vous pouvez afficher/gérer les déclencheurs de courrier électronique ou de télégramme configurés lors d'une transaction.

Taux de financement

Le taux de financement garantit que le prix d'un contrat à terme respectif reste aussi proche que possible de l'actif sous-jacent. e. Essentiellement, les commerçants se disputent leurs positions. Ce qui dit quel côté est payé est déterminé par la différence entre le prix à terme et le prix au comptant.

Lorsque le taux de financement est positif, longs rau shorts. Lorsque le taux de financement est négatif, les shorts paient les longs.

Alors qu'est-ce que cela signifie pour moi?

En fonction de vos droits de vote et des taux de financement, vous obtiendrez soit des fonds, soit des fonds. Sur Binance Futures, ces frais de financement sont payés toutes les 8 heures. Vous pouvez vérifier l'heure et le taux de financement estimé de la prochaine période de financement sur le tor de la rage, à côté de Mark Prise.

Quelles sont les options dont je dispose si je souhaite ralentir une croissance ?

Si vous voulez résoudre votre problème, vous avez deux options. Une clôture du marché est instantanée et vous fermez au meilleur prix au comptant disponible. En revanche, une limite vous permet de spécifier le prix auquel vous souhaitez ralentir la croissance.

Comme vous pouvez le voir, le traqueur de position contient également un prix de liquidation. C'est le prix qui, s'il est atteint, verra votre position annulée en raison d'une marge insuffisante. Gardez à l'esprit que le montant total de votre futur portefeuille est utilisé comme garantie. Par conséquent, si le prix ne va pas dans le sens de votre commerce, la plate-forme utilisera votre reste comme garantie.

Dès que vous appuyez sur le bouton "Marché", votre position sera fermée et vous verrez les fonds revenir sur votre compte de marge.

Quelles sont les pièces que Binance Futures prend en charge ?

Vous ne pouvez utiliser que les pièces suivantes pour les transactions à terme :

- USDT
- BNB
- CTB

Qu'est-ce que l'analyse fondamentale de Crurto ?

L'analyse fondamentale de Crurto est une double approche

de l'enquête sur les informations de marché. Il prend les données du marché et les approfondit pour leur donner un sens. Le sens des mouvements de marché est donc caractérisé comme ryshological puisque brusquement et la demande sont dirigées par qui partie arbitrer sur le marché. La mesure qualitative cherche également à trouver des significations cachées derrière les événements, les mesures et les réactions des principaux acteurs de l'industrie. Étant donné que le chiffrement est encore faible par rapport à d'autres facteurs financiers, les impressions faites par les critiques peuvent être ressenties plus vivement .

Ainsi, l'analyse fondamentale s'efforce d'identifier les raisons des changements sur le marché, ainsi que les implications futures. Les sources d'information sont cruciales pour avoir des données précises pour que cette analyse soit correcte.

Pourquoi devrais-je faire ma propre analyse fondamentale Crrot?

Les méthodes quantitatives trouvées pourraient vous permettre d'obtenir une grande quantité de données, mais cela n'explique pas pourquoi exactement les résultats se sont produits. En outre, d'autres commerçants pourraient voir les tendances du marché de leur point de vue, par rapport à leurs antécédents professionnels et culturels. Votre propre point de vue est donc important puisque vous savez ce qui vous convient le mieux.

Le commerce selon les tendances du marché est un processus complexe.

Ainsi, pour inclure toutes les informations nécessaires, vous devez vous assurer de rassembler toutes les ressources en un seul endroit. Ensuite, sur la base de vos propres connaissances, vous faites l'analyse qui aiderait vos efforts de négociation de croustillant et de bitcoin .

Quelles sont les sources d'information pour l'Analyse Fondamentale ?

Comme mentionné précédemment, trouver les bonnes sources est d'une importance cruciale. Sans informations correctes, l'analyse fondamentale de base donnerait toutes les mauvaises réponses. De mauvaises conclusions entraînent souvent (sinon toujours) des pertes, en particulier lors de la transaction.

Cryrtosurrensu News Articles

Il existe plusieurs plates-formes qui offrent le service, enregistrent les tendances du marché et les raisons qui les sous-tendent. Les choix évidents dans cet ordre sont les plates-formes liées à la cryptographie, à savoir Crrro News, Crrtosurrensy News, CoinDesk et Coin Telegra rh. Ceux-ci fournissent des nouvelles concernant l'évolution du marché en termes de fourchettes dures et souples, de réglementations commerciales et de grandes quantités. c'est son implication. Vous pouvez consulter le site Web de CoinDesk dans l'image ci-dessous.

Forums communautaires Cryrtosurrensu

Les forums communautaires sont d'excellentes sources d'informations concernant le marché des commerçants. Ici, vous pouvez obtenir des informations sur les escroqueries, les nouveaux outils disponibles, le développement de la sécurité et bien plus encore. Ces sites Web sont également réactifs, car vous pouvez poser des questions et obtenir des réponses de la part d'autres commerçants. Les exemples les plus célèbres sont Bitcoin Talk, Quora , Crurto Comrare, Reddit et Medium. Enfin, vous pouvez obtenir les informations nécessaires sur le marché auprès des développeurs de blockchain eux-mêmes. Chaque cryptosurrensu a son propre site Web où les développeurs trouvent leurs actualités et leurs plans de développement. Vous pouvez également obtenir des emplacements, qui contiennent la grande quantité de données. Ceux-ci peuvent vous aider à prédire l'avenir du surrensu que vous souhaitez échanger. Vous pouvez consulter la plate-forme de Ripple par exemple, dans un aperçu ci-dessous.

Analyse des événements fondamentaux liés à une crise

Les événements géolithiques peuvent avoir une grande influence sur les crises . Cela est particulièrement vrai si les réglementations sont en cause.

De nombreux pays jouent désormais un rôle plus actif dans la régulation de l'utilisation des cristaux pour la croissance du marché. Dans de nombreux cas, les agences ont adopté une position négative sur les pièces numériques, ce qui entraînerait des baisses de prix.

La Chine, par exemple, a interdit les ICO et a contraint les plateformes à adhérer à ses propres réglementations concernant les services financiers. Connaître ces événements et leurs implications peut vous amener soit à reporter votre échange, soit à passer commande en fonction de l'avenir. Ainsi, en combinant les sources, vous devriez également parcourir les événements plus en détail pour vous assurer que vous disposez des bonnes informations.

Comment puis-je déterminer l'offre et la demande ?

Une fois que vous avez des sources, la prochaine étape consiste à déterminer la matrice de l'offre et de la demande du son sélectionné. Le commerce dépend de la manière dont la pièce est fournie au marché et de la demande actuelle. Les enregistrements de la chaîne de blocs peuvent vous donner des indications sur la vitesse des transactions, le montant échangé et le nombre de commerçants impliqués. Les plates- formes de blocage offrent leurs propres enregistrements sur lesquels vous pouvez juger à quel point la popularité est forte sur le marché. L'aspect technique de l'approvisionnement est également important. Certaines pièces sont libérées chaque année par les développeurs tandis que d'autres sont extraites. Si c'est le cas, alors les tendances concernant la difficulté de l'exploitation minière vous montreront ce que l'avenir nous réserve.

Cryrtosurrensu Arplications

C'est probablement la partie la plus cruciale de l'analyse fondamentale. Que réserve l'avenir pour le son choisi . Le commerce sans savoir ce qui pourrait se passer dans la prochaine heure peut vous faire subir des pertes. En utilisant toutes les sources, vous devriez également inclure une analyse technique. Cela vous permettra d'identifier les tendances en termes de prix et de chutes.

Ainsi, nous avons souligné l'importance de déchiffrer les informations pour mieux prévoir les tendances futures. Le passé et le présent nous permettent de bien voir ce que le lendemain pourrait apporter. Qu'il suffise de dire que ce n'est pas précis à 100%, car de nombreuses choses invisibles peuvent compliquer le processus. Les crises fluctuent considérablement d'une heure à l'autre, ce qui rend leurs prédictions très difficiles à saisir.

Quels sont les meilleurs indicateurs techniques pour les actifs Crró ?

Volume d'équilibre (OBV)

L'OBV est un indicateur technique basé sur le volume. Il étudie le volume de négociation supposé d'une pièce / d'un stock pendant une durée déterminée. Simplement ornière, il mesure l'achat et la vente de la pièce / du stock.

L'OBV est un total sommatif du volume de négociation de l'actif. Il prend en compte le volume de transactions du jour, de la semaine et même du mois de revue. Il existe trois règles simples pour calculer l'OBV :

- Si le prix de l'actif clôture plus que le prix de clôture d'hier,
- OBV actuel = OBV d'hier + volume de négociation d'aujourd'hui
- Si le prix de l'actif baisse plus bas que le prix d'hier,
- OBV actuel = OBV d'hier - Volume de négociation d'aujourd'hui
- Si le prix reste constant, alors
- OBV d'hier = OBV d'aujourd'hui

L'interprétation de l'OBV est généralement la suivante ;

- Un OBV croissant signifie que plus d'acheteurs sont disposés à acheter l'actif au prix de vente. C'est un bon indicateur de ralliement.
- Un OBV décroissant signifie que la pression de vente est élevée. Cela se trouve souvent près des sommets historiques, car les commerçants vendent pour réserver des bénéfices. Cela marque un sentiment baissier pour commencer sur le marché.
- Si le mouvement des prix est soutenu par le volume, alors la direction de la tendance est confirmée, ce qui indique qu'on peut s'y fier pour définir vos transactions. Cependant, si le mouvement à la hausse est contraire au mouvement OBV, cela reflète la confusion sur le marché.

Maintenant, il n'est pas conseillé de placer des transactions uniquement sur la base de l'OBV. Cependant, OBV, en tant qu'indicateur d'élan, est crédible pour s'appuyer sur lui pour anticiper les problèmes de rupture. De plus, les commerçants peuvent tirer parti de l'OBV pour suivre le flux de moneu des investisseurs institutionnels ou des grands plaieurs sur le marché.

Hypothèse/Ligne de distribution

Nous allons de l'avant avec un autre indicateur populaire basé sur le volume qui est la ligne d'accumulation / distribution. Il est utilisé pour soutenir la direction de la tendance de l'actif en fonction de la relation entre son prix et le volume des échanges.

La ligne A/D mesure le flux d'argent entrant et sortant d'un actif. Ceci est utilisé pour déterminer si un actif est accumulé ou distribué. Généralement, l'accumulation implique les niveaux d'achat de l'actif et la distribution indique les niveaux de vente de l'actif.

Pour calculer la ligne A/D, nous avons besoin de deux métriques, c'est-à-dire

- Multiplicateur de flux monétaire (MFM)
- Volume à débit multiple (MFV)
- Pour arriver à la valeur métrique, voici les formules
- MFM = [(C - L) - (H - C)] / (H - L)
- MFV = Volume pour la période spécifique * MFM

Ici,

- C - Cours de clôture,
- L - Prix le plus bas,
- H - Prix le plus élevé, pour cette période spécifique.

Maintenant, la ligne A/D est tracée à - Ligne A/D précédente

+ MFC de la période actuelle. Étant donné que la ligne A/D est un total cumulé, la valeur A/D actuelle est ajoutée au MFC du lendemain et de même, la ligne A/D continue. L'interprétation de la ligne A/D se fait généralement par rapport aux mouvements de prix de l'actif. Et les observations générales sont :

- Lorsque les prix et la ligne A / D augmentent, le sentiment haussier est susceptible de continuer.
- Si les deux mesures sont confrontées à une tendance à la baisse, un sentiment baissier autour de l'actif est susceptible de prévaloir.
- Si les prix augmentent alors que la ligne A / D fait face à une tendance à la baisse, cela reflète la pression de vente élevée sur le marché. Cela signifie que l'actif est susceptible de tomber en panne et de faire face à une inversion baissière (répartition).
- Inversement, si la ligne A/D monte alors que les prix baissent, cela suggère une augmentation de la pression d'achat en tant que partie du marché. Les choses continuent d'accumuler l'actif.

L'indicateur de ligne A/D est l'un des meilleurs moyens de confirmer une tendance existante tout en gardant un œil sur les achats/ventes extrêmes. sûr. De plus, il est suggéré de ne jamais l'utiliser comme indicateur autonome. L'utiliser en accord avec d'autres aspects techniques vous permettra d'être un meilleur commerçant.

Indice directionnel moyen (ADX)

Après deux indicateurs basés sur le volume, nous passons à notre premier indicateur basé sur la tendance. Indice directionnel moyen (ADX). Comme son nom l'indique, la mesure technique clé ici est la direction/la tendance de l'actif. Il est représenté en utilisant,

- Indicateur directionnel positif ou + DI - lorsque la tendance est à la hausse,
- Indicateur directionnel négatif ou -DI - lorsque la tendance à la baisse se produit.

ADX avec ses deux indicateurs d'accompagnement mesure la force de la tendance actuelle de l'actif. Sur la base de cette force, les commerçants / investisseurs peuvent placer leurs paris sur l'achat ou la vente de l'actif.

Lors du calcul de l'ADX, la période de temps est généralement divisée en 14 barres. Cependant, ADX peut également être tracé pour des délais plus courts comme 7 bars ou plus longs comme 30 bars. Alors que le premier rend la ligne ADX trop volatile, le second prend beaucoup de temps, ce qui le rend peu fiable à utiliser lors des transactions.

Les solutions pour ADX sont vraiment simples. Mais, pour économiser vos efforts, TradingView dispose d'un indicateur ADX intégré. Il peut être utilisé pour une variété d'options telles que les ETF, les contrats à terme, les actions et les titres.

Maintenant, lorsque vous utilisez l'indicateur ADX, la valeur finale est la valeur ADX est la seule priorité. L'indicateur ADX est conçu comme une ligne construite à partir de valeurs allant de 0 à 100. Aussi, l'interprétation générale des valeurs est la suivante :

Au départ, les valeurs ADX inférieures à 25 sont une phase d'accumulation et/ou de distribution à grande échelle. Dans cette phase, le marché est dans un état confus en ce qui concerne l'assiette. Du 25 au 50, non seulement il y a une présence de la tendance, mais aussi une confirmation.

Ici, le marché essaie de trouver le support potentiel et les niveaux de résistance de l'actif.

Au-dessus de 50 ans, c'est un indicateur d'une forte tendance en ce qui concerne sa longévité. Ici, l'atout atteint des prix extrêmes dans sa direction. C'est un signe de prudence, car ADX> 50 signifie que les investisseurs qui aspirent sont sur le point de réaliser des bénéfices, tandis que beaucoup placent même des « opérations à découvert ».

ADX est un indicateur basé sur la tendance, par conséquent, l'utiliser seul est une proposition risquée. En conjonction avec les indicateurs de mouvement des prix, comme les moyennes mobiles ou le support et la résistance, ADX peut faire de vous un meilleur trader de tendance.

Exemple

de Bitcoin sont restés au-dessus de 30 pendant la majeure partie de la période tout en touchant parfois 60. Cela ne s'est pas reflété dans les niveaux de prix de Bitcoin . Cependant, au fur et à mesure que nous nous éloignons du graphique, le prix a augmenté à mesure que la tendance gagnait en force et en élan.

Aroon Indicateur

Développé par un expert du marché boursier, Tushar Chande , l' indicateur Aroon est un indicateur populaire basé sur les tendances. Semblable à ADX, cela aide à identifier les tendances et également à mesurer la force de la tendance. L' indicateur Arooon est composé de deux lignes Arooon, c'est-à-dire. l' ArooonUp et l' ArooonDown . Ces deux lignes sont mesurées sur une échelle de 0 à 100.

Qu'est-ce que la ligne ArooonUp ?

Cette ligne mesure la force de la tendance haussière de l'actif en reflétant le nombre de jours depuis que le prix de l'actif a atteint ses 25 jours précédents ó élevé. Cela signifie que si l' actif est actuellement à son plus haut niveau sur 25 jours, la valeur ArooonUp est de 100. tendance est.

Il est calculé à l'aide de cette formule - [(nombre de périodes) - (nombre de périodes depuis le plus haut)] / (nombre de périodes)] x 100

Cette ligne reflète le nombre de jours depuis que le prix de l'actif a atteint son plus bas récent de 25 jours tout en confirmant la baisse sentiments sur le marché. Semblable à AroonUp , plus la valeur AroonDown est proche de 100, plus le sentiment est fort.

Pour calculer la ligne AroonDown - [(nombre de périodes) - (nombre de périodes depuis le plus bas)] / (nombre de périodes)] x 100

Comment puis-je interpréter l' indicateur Arooon ?

Si l' AroonUr est compris entre 70 et 100 tandis que l'AroonDown est compris entre 0 et 30, cela signifie un marché haussier avec de nouveaux sommets exprimés pour l'actif. Si l' AroonUp reste dans la plage de 0 à 30 pendant que l'AroonDown augmente, le sentiment baissier prévaut sur le marché avec le fixer des prix bas de manière cohérente. AroonUr et AroonDown restent assez parallèles lorsque l'actif à une montée spécifique se consolide.

Indicateur de convergence-divergence à moyenne mobile (MACD)

Développé dans les années 1970, le MACD est un indicateur technique basé sur le momentum utilisé par une grande partie de la population commerciale. En montrant la relation entre deux moyennes mobiles du prix d'un actif, il reflète l'élan des tendances. MACD a trois composants principaux, c'est-à-dire.

- MACD = EMA 12 périodes - EMA 26 périodes
- Signal Line = Une EMA à 9 périodes du MACD.
- Histogramme MACD = MACD - Ligne de signal

Remarque EMA - Moyenne mobile exponentielle, c'est-à-dire un type de moyenne mobile qui donne la priorité aux données les plus récentes.

MACD dépend des moyennes mobiles, c'est-à-dire des prix ras, ce qui signifie que l'indicateur est en retard. Cependant, compte tenu de ses fondamentaux solides, l'indicateur MACD est élevé et fiable.

Les interprétations générales de l'indicateur MACD sont les suivantes :

- MACD positif = élan croissant d'une tendance à la hausse (hausse des prix),
- MACD négatif = élan croissant d'une tendance baissière (chute des prix),
- Si le MACD augmente et passe au-dessus de la ligne de signal, il s'agit d'un haussier haussier.
- Si le MACD tombe en dessous de la ligne de signal, c'est un porteur baissier.

En suivant la tendance et l'élan, MACD est devenu un indicateur commercial régulier, mais fiable. En outre, il offre suffisamment de flexibilité car MACD peut être appliqué à des tableaux de prix de différentes périodes.

Que fait l'indice de force relative (RSI) ?

Le RSI est un indicateur / indicateur de momentum qui mesure la vitesse et le changement des mouvements de prix d'un actif. Les valeurs RSI peuvent être lues entre 0 et 100. Il est généralement utilisé pour évaluer un actif en fonction de son surachat ou de son surachat. .

Comment calculer le RSI ?

RS = gain moyen / perte moyenne

Ceci est le résumé du RSI. Cependant, il existe plusieurs itérations de l'indicateur. Utilisez plutôt TradingView et son indicateur RSI intégré pour faciliter votre processus de trading.

Traditionnellement, les valeurs RSI sont interprétées comme suit :

- Si RSI> 70, alors l'actif est surévalué et ou pour une correction du marché ou une inversion de tendance.
- Si RSI < 30, c'est une indication que l'actif est sous-évalué.

Au fur et à mesure que le RSI dépasse le niveau de référence horizontal de 30, des sentiments haussiers sont identifiés.

De même, lorsque le RSI tombe en dessous du niveau de référence horizontal de 70, c'est un signe baissier.

Que fait l'oscillateur stochastique ?

L'indicateur de trading final sur la liste est un indicateur de momentum appelé oscillateur stochastique. Il a été développé pour suivre l'élan ou la vitesse du prix. Cela découlait d'une règle affirmée, c'est-à-dire l'élan change la direction avant le prix.

Cet indicateur oscille entre 0 et 100, mesurant l'élan de l'actif. En ce qui concerne le délai, 14 périodes est la règle générale qui peut être de 14 jours, semaines ou même mois selon l'objectif de l'analyste.

Comment calculer l'oscillateur stochastique ?

La formule pour construire un oscillateur stochastique est la suivante :

%K = (Fermeture actuelle - Plus bas) /(Plus haut - Plus bas)

* 100

%D = SMA de 3 jours de %K — Il s'agit d'une ligne de signal/déclenchement

Le plus bas = le plus bas pour la période

Le plus haut = le plus haut pour la période

%K est multiplié par 100 pour déplacer la virgule décimale de deux positions

Comment utiliser l'oscillateur stochastique ?

Si les lectures sont inférieures à 20, il est entendu que le prix actuel de l'actif approche de son niveau le plus bas dans ce laps de temps précis. e

De même, si les lectures sont supérieures à 80, alors l'actif est proche de son prix le plus élevé dans ce laps de temps

Semblable au RSI, une lecture> 80 est la limite acceptée acceptée - signal de vente

Et une lecture < 20 est la limite supérieure acceptée - signal d'achat.

L'oscillateur stochastique comme seul indicateur n'est pas conseillé. Il est donc recommandé de l'utiliser en combinaison avec un indicateur de moyenne mobile pour élaborer une stratégie commerciale holistique.

Est-ce que les contrats à terme de Binance sont sûrs ?

C'est l'un des échanges cryptographiques les plus sûrs de nos jours. La société fait un excellent travail pour protéger les fonds des utilisateurs.

Même si l'échange devait être piraté, ce qu'il a fait dans le passé, Binance a introduit un soi-disant fonds SAFU. La plate-forme a alloué 10% de tous les frais de négociation à son fonds d'actifs sécurisés pour les utilisateurs (SAFU) afin d'offrir une protection supplémentaire à l'utilisateur.

c'est dans les cas extrêmes. Ces fonds sont stockés dans un portefeuille vendu séparé.

De plus, Binance a un processus KYC très rigoureux qui s'applique à sa future plate-forme d'échange.

CONCLUSION

Binance sont un excellent moyen pour les investisseurs crutifiés de profiter de la modicité des frais et de recevoir une autorisation sur le jeton Binance (BNB). Vous pouvez trouver les dernières données de contrat sur la plate-forme de négociation Binance " Contrats à terme" rage, et cliquer sur le bouton "Contrastes" sur le Le côté droit de la rage détruira tous les contrats à terme disponibles. Les dernières données de contrat sont généralement téléchargées sur la plate-forme de négociation Binance au moment où la négociation a lieu. Les contrats à terme Binance sont un excellent moyen pour les investisseurs croustillants de profiter de la modicité des frais et de recevoir un supplément pour le jeton Binance (B NB). Ce guide fournit de nombreuses erreurs aux commerçants qui cherchent à maximiser leurs rendements en matière de cryptographie. Nous avons trouvé ce guide utile, harru trading!